AF257750

Extrait du Vol. 50. Fol. 175.

AVIOVRD'HVY est comparu au Greffe de la Cour Maistre Hierosme Genest, Procureur en la Cour, & de Laurent Lamy, Marchand demeurant à Monceaux, estant aux droits des Religieuses Cordelieres du Faux-bourg S. Marcel: Maistre Pierre Gaugan, Curé de Saint Medard, ayant repris en leur lieu, & poursuiuant les criées, vente & adjudication par decret de la Terre & Seigneurie de Grangemenant, éuoquées des Requestes du Palais en la Cour & Chambre de l'Edit par Arrest du septiéme Septembre 1662. qui ordonne que sur la saisie réelle de Dame Marie de Grieux, veuve de Messire Iacques de Lyonne, viuant Sieur de Cailly, Luçay & Surcelles, des Rotures, faites à la requeste desdites Religieuses Cordelieres, & Consors : Il sera procedé en ladite Cour à la diligence desdites Religieuses & Consors, aux criées, vente & adjudication par decret desdites choses saisies, lesdites saisies réelles confirmées par Arrest du trentiéme iour d'Aoust 1664. & en consequence de l'Arest de congé d'adjuger du cinq Iuillet audit an, enchery & mis à prix le fonds, tréfonds & proprieté des Terres & Seigneurie, Fief & Chasteau de Grangemenant, situez en Brie, Fermes de la Beaucherie, de Montbierant, la Bérise, du Fief de la Mothe-Caçou, auec leurs circonstances, appartenances & dépendances dudit Grangemenant, Paroisses d'Auuilly & de Vaudoy. Premierement, le principal Manoir, Terre & Seigneurie dudit Grangemenant, concistant au Chasteau de Grangemenant, composé de plusieurs logemens logeables, bastiment haut, court & basse-court, dedans laquelle il y a écurie, vacherie, & autres bastimens, coulombier à pied, bien basty, estant dans ladite basse-court, le tout entouré de fossez à fonds de cuve, remplis d'eau & de poisson, reuestus, où il y a gouffre pour faire éuader lesdites eaux en cas de besoin, vn puits dans la court, deux pont-leuis pour entrer & sortir dudit Chasteau, jardin, bois, terres, prez, & estang, auec le droit de haute, moyenne & basse Iustice, où il y a droit d'y establir des Officiers releuans de Messieurs les Reuerends Peres Religieux, Prieur & Conuent des Chartreux de Paris, à cause de leurs Terres & Seigneuries de Maillard en Brie, ayant ledit Chasteau vn grand corps de logis de plain pied de vingt-cinq toises, ou enuiron, faisant face du costé du iardin, flanqué de deux grosses tours des deux costez, auec deux pauillons dans la grande court, faisant l'autre face dudit logis en entrant, quatre tourrelles aux quatre coins, couuertes d'ardoises, huit chambres a feu, lesquelles courts sont separées d'vne grande muraille ; vne grange de cinq trauées, ou enuiron, trois écuries, sçauoir l'vne d'vne trauée, la seconde

de 2. trauées, & la troiſiéme de 4. trauées, à mettre 25. ou 30. cheuaux, ou
enuiron, grenier au deſſus, bergerie, vacherie, laittérie, fourny, buché, toit à
porcs, greniers au deſſus, cuiſine, le tout couuert de tuiles plates; ayant ledit
Chaſteau ſa ſortie par l'vn deſdits ponts ſur le chemin pierré qui conduit au
chemin de Paris, & l'autre pont pour aller dudit Chaſteau à vn iardin potager, & par terre enuiron de dix arpens ; vn gros pauillon bien logeable, qui
ſert audit pont-leuis; Vn eſtang au bout dudit iardin, de trois arpens, ou enuiron, couuert d'eau, remply de poiſſon, & entouré de trois allées hautes en
forme de terraſſes ; Vn fruitier fermé de hayes viues, auec vn large foſſé,
eſtant iceluy fruitier & iardin remply de neuf cens pieds d'arbres fruitiers,
ou enuiron, plantez tant en buiſſons que palliſſades. Item, trois cens
quatre arpens de bois en pluſieurs pieces, tenant d'vne part & ioignant du
depuis led. chemin pierré à des bois deſd. Sieurs Chartreux de Paris iuſques
à l'eſtang de Beuueron, & des bois de la Ferriere appartenans auſd. Sieurs
& Dame de Ste Marie, aboutiſſant ſur le chemin de Paris depuis ledit eſteng
de Beuueron, iuſques & ioignant led. chemin pierré, & les bois de lad. Dame
Marquiſe de Senecey, Dame dudit Hamilly à lad. Brie. Item, vne piece de
terre, contenant ſoixante-deux arpens, ou enuiron, dépendans du Chaſteau
dudit Grangemenant, ſize au terroir dudit Vaudoy, proche les bois de la
Chambonniere, tenant d'vne part à la rue qui conduit de Beaumarchais audit Vaudoy, & d'autre part ſur les terres dud. Monthierant, aboutiſſant d'vn
bout par eau ſur la rue qui conduit dudit Beaumarchais audit Vaudoy, &
d'autre bout par bas ſur les terres dudit Monthierant. Item, vne autre piece
de terre, contenant auſſi ſoixante & deux arpens, ou enuiron, dépendant
dudit Chaſteau dudit Grangemenant, ſize audit terroir dudit Vaudoy, tenant
d'vne part aux bois de ladite Ferriere, & d'autre part à la rue de Ioüy, aboutiſſant d'vn bout ſur les prez, & d'autre bout à pluſieurs. Item, vne autre
piece de terre labourable, prez & paſtures, contenant ſoixante-vn arpent,
ou enuiron, dépendant comme deſſus, ſiz au terroir dudit Vaudoy, au lieu
dit la Coruée, tenant d'vne part à lad. rue de Ioüy, & d'autre part ſur la rue
qui conduit de ladite Bauthierre audit Vaudoy, aboutiſſant d'vn bout par le
haut ſur leſd. terres dudit Monthierant, & d'autre bout par bas au Prieuré
de lad. Beauchierrie, & d'autre aux hoirs de defunt Coſme Marioni: Toutes
leſquelles trois pieces cy-deſſus ſpecifiées & declarées conciſtant en cent
quatre-vingts cinq arpens, tant terres labourables, prez, paſtures que brouſ-
ſailles, dépendant de ladite terre & Seigneurie de Grangemenant, à pren-
dre depuis ladite rue de Beaumarchais iuſques au Pierré de la Putte-Hauſ-
ſiere. Item, vn baſtiment & edifice à porte cochere, ſeruant de grange,
couuert de tuille, proche le Prieuré de ladite Beaultiere, & des enuirons
dudit Chaſteau de Grangemenant, contenant quatre trauées, ou enuiron.
Item, vne maſure ſize en la Paroiſſe & terroir de S. Medard dudit Vaudoy,
appellé le Fief de la Motte la Cou qui paroiſt ſelon les vieux veſtiges, auoir
eſté baſtie de neuf à dix trauées, coüit & iardin contenant enuiron vn arpent, enuironné de foſſez, de preſent remplis d'eau, auec le droit de Iuſtice

moyenne & baſſe, releuant deſdits Sieurs des Reuerends Peres Religieux, Prieur & Conuent deſdits Chartreux du Fauxbourg S. Michel de Paris, à cauſe de leurs Terre & Seigneurie de Maillard en Brie. Item, la Ferme de la Berge, conciſtant en vn grand corps de logis, & maiſon logeables de trois grandes trauées, ou enuiron, cuiſines, deux ſalles baſſes, vne petite laiterie, vne petite chambre attenant, le tout de ſuite, deux chambres au deſſus deſdites cuiſines, & ſalles, vn grenier à mettre les bleds batus, attenant leſdites deux chambres, deux greniers au deſſus deſdites deux chambres, granges de quatre trauées, ou enuiron, vne grande porte pour y entrer les voitures des grains, vne bergerie d'vne trauée & demie, ou enuiron, atteſtant l'écurie des cheuaux, vn grand toit à porcs, grenier au deſſus, vn coulombier rond, & vne petite eſtable à vaches au deſſus d'iceluy; le tout couuert de tuille plate, grande court, iardin, puits, four à cuire pain dans ladite cuiſine, grande porte ronde pour entrer les voitures, à ladite court petite porte ronde attenant pour entrer pareillement en ladite court, contenant ladite maiſon, court & iardin de plan & circuit, deux arpens, ou enuiron, tous entourez, cloſe de murs, baſtie enſemble, lad. maiſon & lieux de pierres dures, grez plaſtre & terres, ayans leſdites maiſon, court & lieux leur ſortie ſur la ruë de Perſeual, chemin qui conduit audit Vaudoy, Grangemenant, la Boiſſiere, Tocquin, & autres lieux, canal deuant ladite grande porte, pour abeuuer les cheuaux, & à mettre du poiſſon: Vn champ de trois quartiers de terre, ou enuiron, propre à ſemer chenneuiere, proche ladite maiſon & court, grand nombre d'arbres fruitiers, pommiers, abricotiers, poiriers, ceriſiers, grand nombre de pruniers & de treilles de vignes deſſus iceux, où il ſe recüeille vn muid de vin par chacun an ordinairement; eſtant lad. Ferme, maiſon, court & lieux en ſaiſie. Item, trente ſix arpens de terre, ou enuiron, ſiz au terroir & Paroiſſe dudit S. Medart dudit Vaudoy, dépendant de ladite Ferme de la Berge, au lieu dit Pigeon, tenant d'vne part aux terres dudit Monthierant, & d'autre coſté à la ruë qui décend à ladite Berge à l'eſtang de Beuuron, aboutiſſant d'vn bout ſur ladite ruë du Pigeon, & d'autre bout ſur ladite Berge. Item, dix-huit arpens de terre, ou enuiron, en vne piece ſize audit Terroir, Paroiſſe dudit Vaudoy, au deuant de la porte de lad. Berge, tenant d'vne part aux terres dudit Monthierant, & d'autre coſté à la ruë qui conduit de lad. Berge à la fontaine de Glaiſe, aboutiſſant d'vn bout à Monſieur de Ioüy, & d'autre bout ſur les prez du bois. Item, quatre arpens de terre, ou enuiron, en vne piece ſize en ce meſme lieu, Terroir & Paroiſſe de S. Medard dudit Vaudoy, tenant d'vne part auſdits Sieurs Venerables Religieux, Prieur & Conuent des Chartreux, & d'autre part audit Seigneur de Ioüy, aboutiſſant d'vn bout ſur la ruë qui conduit de la Maiſon ſeigneuriale dudit Gloiſe audit Monthierant; & d'autre bout ſur le petit pré. Item, quatre arpens, & vn quartier de terre, ou enuiron, ſize en ce meſme lieu & Terroir dudit S. Medard dudit Vaudoy, tenant d'vne part auſdits Sieurs Reuerends Peres Religieux Chartreux de Paris, d'autre part à la Terre de Monthierant, aboutiſſant d'vn bout fur la ruë qui conduit de ladite Maifon feigneuriale de Gloife audit Monthierant, & d'autre bout fur les terres dudit lieu de Monthierant. Item, vn arpent de terre en vne piece, ou enuiron, en ce mefme lieu & Terroir dudit S. Medard de Vaudoy, au lieu & de l'autre cofté de ladite ruë qui conduit dudit Gloife audit Monthierant, cy-deffus declarée, tenant d'vne part & d'autre aux terres dudit Monthierant, aboutiffant d'vn bout à la ruë cy-deffus declarée, & d'autre bout fur les Affrontailles. Item, demy arpent fiz audit Terroir dudit Vaudoy, au lieu dit Gaudron, tenant d'vne part & d'autre, & d'vn bout fur la ruë dudit Gaudron, qui conduit dudit Bourg de Vaudoy à ladite Berge, & d'autre bout fur les Terres dudit Monthierant. Item, demy arpent fis au deffous du pré rompu de Monthierant, tenant d'vne part au Seigneur de S. Denys, & en partie dudit Vaudoy, & d'autre part aux hoirs de defunt Sebaftien Plard, aboutiffant d'vn bout fur les terres & prez, & d'autre bout fur les terres dudit Monthierant. Item, deux arpens de terres fizes au Terroir dudit Vinday, au lieu dit la Vignolle, tenant d'vne part aux Terres dudit Monthierant, d'autre part à la fente qui conduit audit Vaudoy à ladite Berge, aboutiffant d'vn bout és Tournailles, & d'autre bout audit Fontrailles. Item, deux arpens & demy de terres fizes au Terroir dudit Vaudoy, au lieu dit proche le Sauuageon de Gloife, tenant d'vne part au Seigneur de ladite grand'maifon de Gloife, & d'autre part aux hoirs de defunt Sebaftien Plard, aboutiffant d'vn bout fur les terres du Tillay, & d'autre bout en Affrontailles. Item, fix arpens de terre fiz au Terroir dudit Vaudoy, au lieu dit la ruë de la Chuche, tenant d'vne part à la ruë fufdite, d'autre part aux Seigneurs de la Chaftellenie dudit Gloife, aboutiffant d'vn bout fur lad. ruë, & d'autre bout fur le Seigneur de la Grand maifon dudit Gloife. Item, quatre arpens de terre fiz aud. terroir de Vaudoy, au lieu dit Seicheron, tenât d'vne part à Iacqueline Ioffelin d'autre part aux terres dud. Monthierant, aboutiffant d'vn bout fur la ruë de la Chuche, d'autre bout en plufieurs. Item, fept quartiers de terres fizes audit Terroir, au lieu dit de l'autre cofté de lad. ruë de la Chuche, tenant d'vne part à lad. ruë de la Chuche, & d'autre part aux heritiers de defunt Pierre de Feu, aboutiffant d'vn bout fur lad. ruë de la Chuche, & d'autre bout aux Tournailles. Item, demy arpent de terre, fize audit Terroir de Vaudoy, au lieu dit au deffus des Defay, tenant d'vne part aux heritiers de defunt Sebaftien Plard, & d'autre part aux heritiers de defunt Iean Langlois, d'vn bout fur la ruë qui conduit des taillis audit Monthierant, & d'autre bout à plufieurs. Item, deux arpens de terre fiz audit Terroir dudit Vaudoy, au lieu dit proche les prez des Defay, tenant d'vne part à Noel Gellier, & d'autre part aux Terres dudit Monthierant, aboutiffant d'vn bout fur les Terres dudit Monthierant, & d'autre bout à   Item, fept quartiers de terre fiz audit Terroir de Vaudoy, au lieu dit au deffus des Prez de Seicheron, tenant d'vne part au Seigneur de la Grand'-maifon des Gloifes, & d'autre part à Gilles Pellé, aboutiffant d'vn bout fur la ruë fufdite, & d'autre bout aux Affrontailles. Item, trois quartiers de terre fiz en ce mefme

lieu

tenant d'vne part aufdits Seigneurs de la Grand'-maifon de Gloife,& d'autre part audit Gilles Pellé, aboutiffant d'vn bout fur les prez , & d'autre bout fur la ruë fus-declarée.   Item, deux arpens de terre, fize audit terroir, au lieu dit la Villolle, tenant d'vne part à la ruë fufdite, & d'autre part aux hoirs de defunt Pierre du Feu, aboutiffant d'vn bout fur le clos dudit feu Pierre du Feu, & d'autre bout à plufieurs. Item , demy quartier de terre fiz en ce mefme lieu & Terroir, tenant d'vne part aux hoirs & ayans caufe de defunt Pierre du Feu, & d'autre part à . . . . aboutiffant d'vn bout fur les prez, & d'autre bout à

Item, deux arpens de terre fiz audit Terroir de Vaudoy,au lieu dit la Motte, tenant d'vne part aux Seigneurs de ladite Grand'-maifon , aboutiffant d'vn bout fur la ruë fus declarée, & d'autre bout aux Tournailles. Item, demy arpent de terre fiz au Terroir dudit Vaudoy, & mefme lieu, tenant d'vne part au Seigneur de la Grand'-maifon de Gloife, & d'autre part aufdites Terres dudit Monthierant, aboutiffant d'vn bout fur la ruë de la Mothe, & d'autre bout aux Tournailles. Item , vn arpent & demy de terre en vne piece fize en ce mefme lieu & Terroir, tenant d'vne part à la ruë fufdite de la Mothe, d'autre part aux hoirs Perriqueil, aboutiffant d'vn bout fur le Seigneur de ladite Grand'-maifon dudit Gloife, & d'autre bout aux Tournailles. Item , vn arpent de terre fiz au Terroir dudit Vaudoy, au lieu dit les Poiriers de Ton, tenant d'vne part à Monfieur Cofme, & d'autre part aufdites Affrontailles, aboutiffant d'vn bout fur le chemin de Rozoy en Brie, & d'autre bout aux hoirs Perriqueil. Item , vn arpent & demy de terre fiz au Terroir de Vaudoy, au lieu dit le petit Gabaut, tenant d'vne part audit Seigneur de la Grand'-maifon de Gloife , & d'autre bout aux hoirs de feu Pierre du Feu, aboutiffant d'vn bout aufdits Seigneurs de ladite Grand'-maifon dudit Gloife, & d'autre bout aux Tournailles. Item, vn quartier de terre fiz audit Terroir, proche le bout de la Roze, tenant d'vne part aufdits Sieurs Chartreux,& d'autre part aux hoirs & ayans caufe de defunt Iean Defprez, aboutiffant d'vn bout fur la ruë qui conduit dudit Gloife à ladite Boiffiere, & d'autre bout à

Item , vn quartier de terre fiz audit Terroir, au lieu dit Berquillon , tenant d'vne part à Nicolas Peneur,& d'autre part aux hoirs dudit feu Perriqueil, aboutiffant d'vn bout fur ladite ruë , & d'autre bout aufdites Tournailles. Item, quatre-vingts perches de terre, fizes au Terroir dudit Vaudoy, au lieu dit les Prez de la Ville, tenant d'vne part aux hoirs dudit feu Pierre du Feu, & d'autre part aux hoirs de defunt Laurens de Granton , aboutiffant d'vn bout fur lefdits prez de la ville, & d'autre part à plufieurs. Item, trois arpens de terre, ou enuiron, fiz au mefme Terroir, & lieu, tenant d'vne part aux hoirs de Pierre du Feu, & d'autre part à la ruë, aboutiffant d'vn bout fur lefdits prez, & d'autre bout à plufieurs. Item, trente-quatre arpens de terre fiz au Terroir dudit Vaudoy, au lieu dit la Mothe, tenant d'vne part à la ruë qui conduit de Poullual audit Gloife, & d'autre part à Gilles Pellé, aboutiffant d'vn bout fur les prez , & d'autre bout fur la ruë de la

Mothe. Item, trois arpens & demy de prez, siz en la prairie de Charmoise, tenant d'vne part ausd. Sieurs Chartreux de Maillart, & d'autre part à Gilles Pellé, aboutissant d'vn bout & d'autre aux terres labourables. Item, trois arpens de pré, siz proche lad. Ferme de la Berge, clos & enfermez de hayes viues de part & d'autre. Item, vne autre piece de pré, contenant 3. arpens, size vis-à-vis, deuant & proche de la porte de la Ferme de lad. Berge, enfermée & close de hayes viues, comme dessus. Item, demy quartier de prez, siz aud. terroir, lieu dit prez de Seicheró, tenant d'vne part à l'Eglise, Oeuvre & Fabrique de Saint Medard dudit Vaudoy, & d'autre part & d'vn bout sur les terres labourables. Item, en ce mesme terroir & lieu susdit, demy arpent de prez, tenant d'vne part, & d'autre à ladite Eglise, Oeuvre & Fabrique dudit Vaudoy. Item, vn grand Corps de logis, appellé la grande Ferme de Monthierant, Paroisse de S. Medard dudit Vaudoy en Brie, consistant en quatre grandes trauées ou enuiron, appliqué à salle, seruant à present de cuisine, petite chambre à costé, à main droite, vne autre grande salle-basse ou chambre, cy-deuant seruant à present d'écurie à mettre les cheuaux du Fermier, fourny de four à cuire le pain de six boisseaux, mesure de la Ville de Rozay en ladite Brie, cheminée en ladite cuisine, & fourny de deux grands greniers au dessus desdits lieux, le tout de suitte, & ayant communiquation lesdits lieux les vns aux autres, par le moyen des portes pour aller & venir en iceux, & des deux portes quarrées pour entrer & sortir sur la court, auec deux grandes fenestres quarrées regardant sur ladite court; Vne grande grange de six trauées ou enuiron, à deux grandes portes rondes, pour y entrer les harnois & voitures chargées de bleds en Aoust; Vn grand coulombier rond, vne laitterie dans les pieds & bas d'iceluy couuert, lesdits lieux cy-dessus specifiez de thuille platte; Plus quatre grandes trauées, & petites establés & écuries cy-deuant seruant à mettre les cheuaux d'vn Fermier, ayans trois petites portes rondes sur la mesme court, & vne autre porte qui paroist auoir esté rebouchée & murée, par le Fermier qui est à present dans ladite Ferme, à cause de la ruine de ladite écurie; laquelle tombe presque tout à fait auec sa charpenterie de l'escallier & presque par terre, proche & attenant dudit grand coulombier & dudit grand logis, & fourny du costé de la main gauche, en entrant dans ladite court, & assez prés d'vn petit engard, qui est derriere & adossé contre vn des pignons de ladite grange; Deux bergeries & establés à vaches, deux toits à porcs de cinq trauées ou enuiron, le tout de suitte & s'entretenant les vns aux autres & de ladite grange, & en entrant par la grande porte carrée du costé de main droite, ayant cinq ou six petites portes, pour y entrer les vaches, moutons & porcs sur ladite court, greniers & signaux au dessus desdits lieux, des écuries, establés, bergeries, toisez & ensemble ledit engard, le tout couuert de pailles, gerbées & rozeaux; Grande porte carrée pour entrer en ladite court, Maison, Ferme & lieux, les harnois & voitures ayant son entrée & sortie sur la ruë dudit Monthierant, conduisant audit Coulommiers, Rozay, Prouins en Brie, au deuant

de laquelle porte il y a vn puits commun aufdits deux Fermiers, de bonne
eauë; Vne marre & abreuuoir pour abreuuer les beftiaux, Vn jardin potager auffi hors de ladite court du cofté de main droite, auant que d'entrer
dans ladite grande porte, planté d'arbres fruiétiers, clos & fermé de hayes
viues, d'vn demy quartier de terres ou enuiron, ladite grande Ferme,
Maifon, Baftimens, lieux & court, clofes de murs, eftant en carré fur fon
plan de la grande d'vn arpent ou enuiron, fituez au milieu, & fur les terres de ladite grande Ferme dudit Monthierant, dépendant du Chafteau de
Grangemenant, icelle Ferme, Maifon & lieux de prefent tenus par Nicolas
Rouget & Louyfe Suurault, à prefent fa femme. Item, foixante & quatorze arpens, quarante-trois perches de terres ou enuiron, en vne piece
fize au Terroir dudit Saint Medard, Patron dudit Vaudoy en ladite Brie,
prés la Maifon de Monthierant, tenant d'vne part à la fente qui conduit
dudit Monthierant audit Maillart, & d'autre part à la ruë qui conduit dudit
Vaudoy à la Baultiere, aboutiffant d'vn bout par haut fur la ruë qui conduit dudit Monthierant audit Gloife, & d'autre bout par bas fur la ruë qui
conduit à ladite Boiffiere. Item, feize arpens quarante perches de terres
en vne piece ou enuiron, fize au Terroir du Vaudoy, au lieu dit les Sa-
blonneries, tenant d'vne part aux hoirs dudit deffunt Sebaftien Plard, &
d'autre part aux Affrontailles, aboutiffant d'vn bout par haut fur la ruë
qui conduit dudit Monthierant audit Gloife, & d'autre bout par bas fur
ledit Sieur de   Item, quatorze
arpens quarante-deux perches de terres, fize au Terroir dudit Vaudoy, au
tour des logis tant en jardins, terres prez, mares, tenant d'vn bout à Pierre Thomé & autres, d'autre part audit Thomé, & aboutiffant d'vn bout
par haut fur la grange & ruë qui conduit du Tailly audit Gloife, & d'autre
bout par bas aux Affrontailles. Item, vnze arpens quatorze perches de
terres ou enuiron en vne piece, fize au Terroir dudit Vaudoy, au lieu dit
le champs Dupuis, tenant d'vne part à la ruë cy-deffus declarée, & d'autre part auit Pierre Thomé & autres, aboutiffant d'vn bout par haut fur ladite ruë, qui conduit dudit Tailly audit Gloife, & d'autre bout par bas
audit Thomé. Item, cinquante-fept arpens trente-cinq perches de terres
en paftures ou enuiron en vne piece, fize dudit Terroir au lieu dit Buuron,
tenant d'vne part à la ruë qui conduit dudit Vaudoy à la Boiffiere, & d'autre part au Sieur de l'Efpinette, aboutiffant d'vn bout par haut à la ruë qui
conduit du pré Baillet à la Boifferot, & d'autre bout par bas au foffé de
l'eftang de Buuron. Item, feize arpens vn quartier de trre, prez & paftures ou enuiron en vne piece, fize au Terroir dudit Vaudoy, au lieu dit le
Pré-Baillé, tenant d'vne part audit Sieur de
& d'autre part audit Pierre Thomé, aboutiffant d'vn bout par haut fur la
ruë, qui conduit dudit Vaudoy à la Boiffiere, & d'autre bout par bas fur
ledit Sieur, & à Louys Fournier. Item, deux arpens cinq perches de terres en hache, fiz au Terroir dudit Vaudoy à la Boiffiere, & d'autre bout à
la ruë fufdite, & d'autre part au dit défunt Pierre Bordelun, aboutiffant

d'vn bout par haut à Mathieu Bonicat, & d'autre bout par bas fur ledit
Pierre Thomé. Item, douze arpens vingt-fix perches & demie de terre
ou enuiron, fize audit Terroir de Vaudoy, au lieu dit Mardelle, tenant
d'vne part à Pierre le Roy, & d'autre part à Mathieu Brethelin, aboutiffant d'vn bout par haut à la vefue de defunt Iacques Petit, & d'autre bout
par bas aux Affrontailles. Item, vn arpent & demy neuf perches de
prez, fizes au Terroir dudit Vaudoy, au lieu dit le petit Bois, tenant d'vne
part aufdits Sieurs les Chartreux dudit Maillart, & d'autre part aufdits
Sieurs & Dame de Sainte Marie, à caufe de leurdite Ferme de la Berge,
aboutiffant d'vn bout fur lefdits Sieurs de Maillart, & d'autre bout fur
lefdits Sieurs & Dame de Sainte Marie, à caufe de leurfdites Fermes de ladite Berge. Item, demy arpent deux perches de terre, fize audit Terroir
de Vaudoy, au lieu dit Seicheron, tenant d'vne part à la ruë fus-declarée,
& d'autre part & des deux bouts aufdits Sieur & Dame de Sainte Marie, à
caufe de leurfdites Fermes de ladite Berge. Item, vn arpent quarante-huit
perches de terres & paftures, fize au fufdit Terroir & mefme lieu, tenant
d'vne part à la ruë cy-deffus declarée, d'autre part à plufieurs, aboutiffant
d'vn bout à Monfieur de Ioüy, & d'autre bout par haut fur lefdits Sieur &
Dame de Sainte Marie, à caufe de leurfdites Fermes de ladite Berge. Item,
demy arpent de terre, fize au Terroir dudit Vaudoy, au lieu dit prés Gloife, tenant d'vne part au pré d'Eglife, d'autre part à
aboutiffant d'vn bout audit Sieur de Ioüy, & d'autre bout à
Item, demy arpent de terre, fize audit Terroir de Vaudoy, au lieu dit Seicheron, tenant d'vne part à la ruë fufdite, & d'autre part audit Sieur de
Ioüy, aboutiffant d'vn bout par haut fur ladite ruë, cy-deuant declarée, &
d'autre bout par bas fur les prez. Item, vn arpent & demy de terre, fize
audit Terroir de Vaudoy, au lieu dit Saunageron, tenant d'vne part aux
hoirs dudit feu Sebaftien Plard, & d'autre part à
aboutiffant d'vn bout par haut audit Sieur de Ioüy, & d'autre bout par bas
fur lefdites friches. Item, quarante-quatre perches de terres, fizes au Terroir dudit Vaudoy, au lieu dit les Sablonnieres, tenant d'vne part aux
hoirs de defunt Iean Langlois, & d'autre part aux Affrontailles, aboutiffant d'vn bout par haut à Monfieur Germain, & d'autre bout par bas, à
Item, deux arpens trente perches de terre, fize audit Terroir
de Vaudoy, au lieu dit ladite Efne, tenant d'vne part & d'vn bout fur les
Terres de l'Eglife de Saint Medard dudit Vaudoy, & d'autre part à
aboutiffant par haut à
Item, deux arpens foixante & deux perches & demy de terre, fiz au Terroir dudit Vaudoy, au lieu dit la vallée de l'Eftré, tenant d'vne part à Nicolas Coluche, d'autre part à   aboutiffant
d'vn bout par haut, fur les Terres de ladite grande Ferme dudit Monthierant, & d'autre bout par bas fur les Affrontailles. Item, vn arpent quatre
vingts-cinq perches de terres, fiz audit Terroir dudit Vaudoy, au lieu dit
deffus declaré, tenant d'vne part à Monfieur de Cheury, Seigneur en partie

rie dudit Bourg, & Paroiſſe de Vaudoy, & d'autre part à la vefue
aboutiſſant d'vn bout ſur les Terres de la preſente
Ferme dudit Monthierant, & d'autre bout à
Item, vn arpent & demy de terre, ſiz audit Terroir, Paroiſſe dudit Vaudoy, au lieu dit la vallée de l'Eſtrée, tenant d'vne part à Monſieur du Tillay, & d'autre part à la vefue de defunt Michel Picard, aboutiſſant d'vn
bout par haut, aux hoirs de defunt Sebaſtien Plard & d'autre bout par bas
à ladite vefue. Item, quarante arpens, ſoixante & douze perches de terre, ſize audit Terroir & meſme lieu, tenant d'vne part à Monſieur de la
Durandiere, aboutiſſant d'vn bout ſur les Terres de ladite Ferme de Monthierant, & d'autre bout aux Affrontailles. Item, deux arpens vingt
perches de terre, où il y a de la marneture à preſent, & en pointe par bas, ſiz
audit Terroir de Vaudoy, au lieu dit la Sablonniere, tenant d'vne part aux
hoirs de defunt Sebaſtien Plard, & d'autre part par bas ſur les Terres dépendans de ladite Ferme. Item, quarante-cinq perches de terre, ſize au
Terroir dudit Vaudoy, au lieu dit la foſſe au Corps, tenant d'vne part à
Pierre de la Mothe, & d'autre part à,
aboutiſſant d'vn bout par haut, ſur la ruë ſufdeclarée, & d'autre par bas,
ſur les Terres de ladite Ferme dudit Monthierant. Item, vn arpent cin-
quante-trois perches & demie de terre, ſize audit Terroir dudit Vaudoy &
meſme lieu, où il y a vne mare, tenant d'vne part à
& d'autre part à   aboutiſſant
d'vn bout par haut à Coſme Marion, & d'autre bout par bas, ſur les Terres de l'Eſtré. Item, quatre-vingts perches de terre, ſize audit Terroir de
Vaudoy, au lieu dit Mardelles, tenant d'vne part à la vefue Iacques Petit,
& d'aute part à ladite Fermiere, aboutiſſant d'vn bout par haut ſur ladite
ruë cy-deuant declarée, & d'autre bout par bas ſur la piece cy-aprés declarée. Item, quarante-huit perches de terre, ſiz au Terroir dudit Vaudoy & meſme lieu, tenant d'vne part aux Affrontailles, & d'autre part à
Mathieu Pruſnet, aboutiſſant d'vn bout ſur la ruë cy-deuant declarée, &
d'autre bout par bas à Eſtienne Pellaux. Item, vingt-ſix perches & demy
de terre, ſiz au Terroir dudit Vaudoy, au lieu dit prés le Sailly, tenant
d'vne part à Mathieu Berthelin, & d'autre part & d'vn bout aux hoirs
Laudon, & d'autre bout par haut à la vefue de defunt Iean Guillard. Item,
ſix arpens quatre vingt-quinze perches de terre & prez, ſiz au Terroir dudit Vaudoy, au lieu dit le petit Grés-d'Entailly, tenant d'vne part à la vefue
dudit defunt Iean Guillard & autres, & d'autre part à Iean Simonnet, aboutiſſant d'vn bout ſur la ruë de Ioüy, & d'autre bout par bas à Meſſieurs dudit Maillart, & autres. Item, quatre vingts-douze perches de terre, ſiz
au Terroir dudit Vaudoy, au lieu dit les hautes Mardelles, tenant d'vne
part aux hoirs Iacques Laudon, & d'autre bout par bas ſur
Item, trois quartiers de terre, ſiz en ce meſme lieu & Terroir, teuant d'vne
part & d'autre aux hoirs dudit defunt Iean Langlois, aboutiſſant d'vn bout
par haut ſur le Seigneur dudit Monthierant, & d'autre bout ſur ledit Lan-

don. Item , demy arpent de terre , fize audit Terroir de Vaudoy & mefme lieu , tenant d'vne part aux hoirs dudit defunt Cofme Marion , d'autre part audit Sieur du Tilloy , aboutiffant d'vn bout à ladite vefue Iacques Petit. Item , trois quartiers de terre , fiz audit Terroir & mefme lieu , tenant d'vne part aux hoirs dudit defunt Sebaftien Plard , & d'autre part à ladite vefue dudit defunt Iacques Petit , aboutiffant d'vn bout fur ladite vefue Iean Guillard , & d'autre part à plufieurs. Item , quatre-vingts dix perches de terre , fize audit Terroir & mefme champ , tenant d'vne part aux hoirs dudit defunt Iean Langlois , & d'autre part à ladite vefue Iacques Petit , aboutiffant d'vn bout par haut fur les Affrontailles , & par bas aux hoirs dudit defunt Cofme Marion. Item , cinquante-quatre perches de terre , fize audit lieu & mefme Terroir que deffus , tenant d'vne part à ladite vefue dudit defunt Langlois , & d'autre part aux Terres de l'Eglife Saint Medard , Patron dudit Bourg de Vaudoy , aboutiffant d'vn bout par haut fur la rue , & d'aute bout fur lefdites Affrontailles. Item , vingt-fept perches de terre en labour , dont il en faut par la declaration cinquante-fix au baffe Mardelle & Terroir fufdit de Vaudoy , tenant d'vne part aux hoirs dudit defunt Marion , & d'autre bout par bas fur lefdits Affrontailles. Item , trois quartiers , prez & paftures , fiz aux baffes Mardelles , Terroir dudit Vaudoy , tenant d'vne part aux hoirs de defunt Iean Marion , & d'autre part à Benoift Langlois , aboutiffant d'vn bout fur les hoirs de defunt Pierre Borderaux , & d'autre bout fur les prez. Item , foixante perches de prez & brouffailles , dedans lefquelles il y a vn chefne , fiz en ce mefme lieu & Terroir , tenant d'vne part aux hoirs dudit defunt Iacques Laudon , & d'autre part aux hoirs dudit defunt Cofme Marion , aboutiffant d'vn bout à   Itemf , oixante & dix perches de terre , fiz audit Terroir de Vaudoy , au lieu dit champs Mallot , tenant d'vne part , & d'autre au Seigneur de Cheury , aboutiffant d'vn bout fur le Seigneur de Champeron , & d'autre bout à   Item , demy arpent de terre , fiz audit Terroir de Vaudoy en ce mefme lieu , tenant d'vne part audit Sieur de Cheury , & d'autre part à Pierre Thomé , aboutiffant d'vn bout par bas fur les prez , & d'autre bout par haut fur le Seigneur de Champetran , & d'autre bout par bas à Pierre Bannetreau. Item , vn arpent foixante & trois perches de terre , fize au Terroir dudit Vaudoy , au lieu dit la Bradelle , tenant d'vne part à Gafpart Bordereau , & d'autre part à Bouuillon , aboutiffant d'vni bout par haut fur le Seigneur de Prez , d'autre bout par bas fur les prez de la Brandelle. Item , cinquante-deux perches de terre , fize au Terroir dudit Vaudoy , au lieu dit les Monthieux , tenant d'vne part à Iean Simonnet , & d'autre part à Paul Rocelle , aboutiffant d'vn bout par haut , & d'autre bout par bas fur les terres & prez de Monfieur Defprez. Item , foixante perches de terre , fiz au Terroir dudit Vaudoy , au lieu dit les Monthieux , tenant d'vne part aux hoirs dudit defunt Cofme Marion , d'autre part aux hoirs de defunt Iacques Landron , aboutiffant d'vn bout par haut fur lefprez , d'autre bout par bas fur les Affrontailles ,

Item, vn arpent & demy quartier de terre en plaine, où il y a vne mare dedans, fiz audit Terroir de Vaudoy, au lieu dit Lagruz, tenant d'vne par à Burmet cy-deſſus declarée, d'autre part aux Affrontailles, aboutiſſant d'vn bout aux hoirs dudit defunt Sebaſtien Plard, & d'autre bout par le bas ſur les terres labourables, dont il en faut par la declaration vn arpent & demy. Item, cinq quartiers de terre en borne, ſiz audit Terroir de Vaudoy & meſme lieu que deſſus, tenant d'vne part aux hoirs dudit defunt le Plard, d'autre part audit Sieur de Champotrant, aboutiſſant d'vn bout par haut ſur la ruë cy-deuant declarée, & d'autre bout par bas ſur les prez dudit Bourg, & Paroiſſe de Saint Pierre, Patron dudit Chemilly, dont par la declaration il en faut deux arpens. Item, deux arpens trentedeux perches & demy de terre, ſiz audit Terroir de Vaudoy, au lieu dit le Preau, ténant d'vne part à   & d'autre part, aboutiſſant d'vn bout par haut à Nicolas Chemin, & d'autre bout par bas aux hoirs de defunt Denys Bourdreau. Item deux arpens quatre-vingts-cinq perches de terre, ſiz au Terroir dudit Vaudoy au ſuſdit lieu, tenant d'vne part aux Affrontailles, aboutiſſant d'vn bout par haut à   & d'autre bout par bas aux prez. Item, vn arpent de terre, ſiz au Terroir dudit Vaudoy, prés le pré, tenant d'vne part à Pierre le Roy, & d'autre part à   aboutiſſant d'vn bout par haut ſur la bute, & d'autre bout par bas aux Affrontailles. Item, vn arpent vingt-neuf perches de terre, ſize audit Terroir de Vaudoy, au lieu dit le Tromblay, tenant d'vne part à Louys Bourgeois, & d'autre part aux pleines, aboutiſſant d'vn bout par haut à   & d'autre bout par bas ſur le chemin de Champautran Item, vn quartier de terre, ſize au Terroir dudit Vaudoy en meſme lieu, tenant d'vne part au Ru, & d'autre part à   aboutiſſant d'vn bout par haut à Louys Bourgeois, & d'autre bout par bas à   Item, demy arpent ſix perches de terre, ſize au Terroir dudit Vaudoy, au lieu dit la Broſſe, tenant d'vne part à François, & d'autre part à Iean Moreau, aboutiſſant d'vn bout par haut à   & d'autre bout par bas à l'Eſtang de Beuueron. Item, cinquante-vne perche de terre, ſiz au Terroir de Vaudoy, au lieu dit la Bourbiere, tenant d'vne part audit Pierre le Roy, & d'autre part à Mathieu Pouchard, aboutiſſant d'vn bout par haut aux Affrontailles, & d'autre bout par bas auſdits Affrontailles. Item, vn arpent quatre perches & demy de terre, ſize audit Terroir dudit Vaudoy en ce meſme lieu, tenant d'vne part à Iean Simonnet, & d'autre part aux hoirs dudit defunt Denys Bourdreau, aboutiſſant d'vn bout par haut ſur la ruë & cy-deſſus declarée, & d'autre bout par bas auſdites Affrontailles. Item, demy arpent de terre, ſiz audit Terroir de Vaudoy & lieu ſuſdit, tenant d'vne part à Sebaſtien Plard, & d'autre part aux hoirs dudit defunt Claude Baillé, aboutiſſant d'vn bout par haut à la ruë ſuſdite, & d'autre bout par bas à Iacques le Temoin. Item, trente-deux perches & demy, ſiz audit Terroir de Vaudoy, au lieu dit Prouins, tenant d'vne part audit Sieur de Cheury, & d'autre part à Pierre Bourdreau, aboutissant d'vn bout par haut sur le chemin cy-deuant declaré, & d'autre bout par bas à

Item, quatre-vingts-sept perches de terre, size au Terroir dudit Vaudoy, & mesme lieu que dessus, tenant d'vne part aux hoirs de defunt Nicolas Cheuron, & d'autre part à   aboutissant d'vn bout par haut aux hoirs dudit defunt Denys Bourdreau, & d'autre bout par bas à   Item, quatre-vingts-huit perches de terre, size audit Terroir de Vaudoy, au lieu dit les prez Vaudran, tenant d'vne part à Roch Fournier, & d'autre part, aboutissant d'vn bout par haut à   & d'autre bout par bas à

Item, trois quartiers de terre, size au Terroir dudit Vaudoy, au lieu dit la haute Voye, tenant d'vne part à Pierre Allis, d'autre part à aboutissant d'vn bout par haut au chemin cy-deuant declaré, & d'autre bout par bas aux Affrontailles.   Item, quarante-cinq perches de terre, size au Terroir dudit Vaudoy, en ce mesme lieu, tenant d'vne part à la susdite ruë, & d'autre part aux hoirs & ayans cause dudit defunt Sebastien Plard, aboutissant d'vn bout par bas à

Item, soixante & six perches de terre en ce mesme lieu & Terroir, tenant d'vne part aux hoirs de Sebastien Plard, & d'autre part aux hoirs dudit defunt Pierre Bourdreau, aboutissant d'vn bout par haut sur la ruë cy-dessus declarée, & d'autre bout par bas à

Item, quatre-vingts-deux perches & demies de terre, siz au Terroir dudit Vaudoy, au lieu dit Gaudran, tenant d'vne part à la Terre de Citré, & d'autre part à   aboutissant d'vn bout par haut sur les Terres de la grande Ferme de Monthierant, & d'autre bout par bas au grand chemin cy-deuant declaré.   Item, vn arpent de terre, siz audit Terroir dudit Vaudoy & mesme lieu, dans lequel il y a vn trou ou l'on a tiré de la marne au pierré, tenant d'vne part au chemin cy-deuant declaré, & d'autre part à Mathieu Berthelin, aboutissant d'vn bout par haut à & d'autre bout par bas au Seigneur dudit Monthierant.   Item, vn quartier & demy de terre en friche, siz au Terroir dudit Vaudoy au mesme lieu que dessus, tenant d'vne part au grand chemin cy-dessus declaré, & d'autre part à Nicolas Moreau, aboutissant d'vn bout par haut sur & d'autre bout par bas aux hoirs dudit defunt Boudreau.   Item, vn arpent de terre, siz audit lieu & Terroir, tenant d'vne part audit Moreau, & d'autre part à   aboutissant d'vn bout par bas à ladite Franchon, & d'autre bout par haut sur partie de friche, toullone & carriere.   Item, demy arpent de terre, siz au Terroir dudit Vaudoy & mesme lieu, tenant d'vne part aux Affrontailles, & d'autre part à aboutissant d'vn bout par haut sur le grand chemin de ladite ville dudit Coulommiers en ladite Brie, & d'autre bout par bas à

Item, vn arpent vingt perches de terre, size au Terroir dudit Vaudoy, au lieu dit le buisson de Saint Medard, tenant d'vne part aux hoirs dudit defunt Cosme Marion, & d'autre part à Esloy Fauieres, aboutissant d'vn

bout

bout par haut aux Affrontailles , & dedans vne carriere , & d'autre bout par bas audit chemin dudit Coulommiers. Item, demy arpent de terre, fiz audit Terroir dudit Vaudoy, au lieu dit Tillery, tenant d'vne part à la vefue Bruffet, & d'autre part à   aboutiffant d'vn bout par haut fur les Affrontailles , & d'autre bout par bas aux hoirs dudit defunt Denys Boudreau. Item, demy arpent de pré , fiz en ce mefme lieu & Terroir , prés ledit Tillery, tenant d'vne part aux hoirs dudit defunt Pierre Boudreau , & d'autre part à Nicolas Moreau , aboutiffant d'vn bout par haut audit Mathieu Berthelin , & d'autre bout par bas aufdites Affrontailles. Item, quarante-fept perches de terre , fizes en ce mefme lieu & Terroir dudit Vaudoy, tenant d'vne part à Nicolas Grilleau , & d'autre part à Georges Noël, aboutiffant d'vn bout par haut aux hoirs dudit defunt Iacques Landon , & d'autre bout par bas aufdits hoirs dudit defunt Pierre Boudreau. Item, foixante-neuf perches de terre, fizes en ce mefme lieu & Terroir ; tenant d'vne part audit Berthellin , & d'autre part , aboutiffant d'vn bout par haut aux hoirs dudit defunt Iacques Landon & autres , & d'autre bout par bas au chemin cy-deffus declaré. Item, deux arpens quatre-vingts-fept perches & demy de terre , audit Terroir dudit Vaudoy, fize au lieu dit Sante Foy, tenant d'vne part aux hoirs dudit feu Sebaftien Plard, & d'autre part aux terres de ladite la Mothe, aboutiffant d'vn bout fur les terres dudit Monthierant par haut , & d'autre bout par bas à Pierre le Roy. Item, quarante-deux perches de terre, fizes en ce mefme lieu & Terroir fufdit , tenant d'vne part aux terres cy-deffus declarées ; & d'autre part à   aboutiffant d'vn bout par haut , & d'autre bout par bas fur les prez. Item, vn quartier de terre , fiz audit Terroir de Vaudoy au lieu dit Gauderon , tenant d'vne part à Noël Gilles, & d'autre part aux terres de l'Eftré , aboutiffant d'vn bout par haut fur les terres due dit Monthierant , & d'autre bout par bas à plufieurs. Item, quatre-vingts-quatre perches de terre en friche , dans laquelle l'on tire de la marne à marner lefdites terres, fizes au Terroir dudit Vaudoy, & en mefme lieu, tenant d'vne part aux terres dudit l'Eftré , & d'autre part au grand chemin cy-deffus fpecifié, aboutiffant d'vn bout par haut à la piece cy-aprés declarée , & d'autre bout par bas fur les terres de ladite grande Ferme de Monthierant. Item, deux arpens foixante & dix perches de terre , fiz au Terroir dudit Vaudoy en ce mefme lieu, tenant d'vne part audit chemin dudit Coulommiers, & d'autre part à Noël Gilles, aboutiffant d'vn bout par haut fur ladite ruë & chemin dudit Coulommiers, & d'autre bout par bas fur les terres de ladite Mothe, & autres. Item , trente-cinq perches trois quartiers de prez de terre, fiz en ce mefme Terroir, audit lieu de Sainte Foy, tenant d'vne part à Iean Moreau, & d'autre part audit Pierre Thomé, aboutiffant d'vn bout par haut audit Moreau , & d'autre bout par bas audit Mathieu Berthelin. Item, trois quartiers de pré, fiz au Terroir dudit Vaudoy , au lieu dit prez de Praleuot , tenant d'vne part aux hoirs dudit defunt Sebaftien Plard, & d'autre part audit Sieur de l'Efpinette ; aboutiffan

d'vn bout par haut à   & d'autre bout par bas
à

Item, seize arpens trois quartiers, tant prez que leuis en vne piece, size au Terroir dudit Vaudoy, au lieu dit, pres le Prieuré de ladite Beauthiere, tenant d'vne part aux terres dudit Monthierant, & d'autre part aux terres dudit Grangemenant, aboutissant d'vn bout par haut sur la ruë, jardin & Maison dudit Grangemenant, & d'autre bout par bas sur les prez. Item, vn arpent & demy quartier de perche de terre en friche, siz au Terroir dudit Maillart, au lieu dit Planté, & cy-deuant planté en vignes, tenant d'vne part ausdites Affrontailles & des terres, & d'autre part à Iean   aboutissant d'vn bout par haut sur la ruë cy-dessus & deuant declarée, & d'autre bout par bas à l'estang dudit Maillart. Item, vn corps de logis appellée la petite Ferme, situé audit Monthierant, & Paroisse susdite dudit Saint Medard dudit Vaudoy en Brie, concistant en trois trauées ou enuiron, appliquées en vn bas seruant de cuisine, fourny, puits en icelle, écurie à cheuaux, estables à vaches, petite laitterie ensuite, le tout joignant l'vn l'autre, greniers audessus, vne grange de quatre trauées, vne autre petite grange de trois trauées, ayant chacune vne grande porte, deux toicts à porcs, le tout couuert de pailles & de rozeaux ; court au milieu close de murs, jardin potager deuant la grande porte planté en arbres fruitiers, clos de hayes viues, ayant sortie sur ladite ruë de Monthierant, en laquelle sont demeurant Pierre Haidrot & Marie Champeron sa femme, ayant la petite Ferme, Maison, corps de logis & jardins & accins de plantes & despoüilles d'vn arpent & demy ou enuiron, tenant de toutes parts aux terres de ladite grande Ferme dudit Monthierant, aboutissant d'vn bout sur la ruë qui conduit dudit Gloise audit Tailly. Item, cinq quartiers de terre, size au Terroir dudit Saint Medard, Patron dudit Bourg & Paroisse dudit Vaudoy, au lieu & de l'autre costé de ladite ruë dudit Monthierant, qui conduit dudit Gloise audit Tailly, tenant de toutes parts comme dessus. Item, vnze arpens & demy de terre ou enuiron, size audit Terroir de Vaudoy, au lieu dit le petit Bois, tenant d'vne part aux terres de ladite Ferme de la Berge, & d'autre part aux terres de ladite grande Ferme dudit Monthierant. Item, vn quartier de terre, size audit Terroir de Vaudoy, au lieu dit proche ladite Mothe, tenant d'vne part aux terres de la Ferme de ladite Berge, & d'autre part aux hoirs dudit defunt Iacques Petiquet, aboutissant d'vn bout par haut au Carefour de ladite Mothe, & d'autre bout par bas audit Seigneur de Ioüy. Item, vn quartier de terre, size au Terroir dudit Vaudoy, au lieu dit Seicheron, tenant d'vne part aux Terres & Ferme de la Berge, & d'autre part à Nicolas Prieur, aboutissant d'vn bout par haut à Iacques Rouget, & d'autre bout par bas aux terres dudit Monthierant. Item, demy arpent de terre, size au Terroir dudit Vaudoy, au lieu dit la ruë de la Sauche, tenant d'vne part audit Seigneur de Ioüy, & d'autre part aux terres dudit Monthierant, aboutissant d'vn bout par haut à la ruë qui conduit des Gloises audit Monthierant, & d'autre bout par bas sur les terres de la Berge. Item, vn arpent de terre, ſize au Terroir de Vaudoy, Paroiſe dudit Monthierant, tenant d'vne part aux hoirs dudit feu Sebaſtien Plard, & d'autre part aux terres de ladite Berge, aboutiſſant d'vn bout par haut ſur la ruë qui conduit dudit Gloiſe audit Monthierant, & d'autre bout par bas ſur leſdites terres dudit Monthierant. Item, trois quartiers de terre, ſize au Terroir dudit Vaudoy, & en ce meſme lieu, tenant d'vne part aux hoirs de defunt Sebaſtien Plard, & d'autre part aux hoirs dudit defunt Pierre Bordreau, aboutiſſant d'vn bout par haut à   & d'autre bout par bas comme deſſus. Item, demy arpent de terre au meſme lieu & ſuſdit terroir, tenant d'vne part aux hoirs dudit defunt Bordreau, d'autre part aux hoirs dudit defunt Louys Plard, aboutiſſant d'vn bout par haut comme deſſus, & d'autre bout par bas auſſi comme deſſus. Item, vn quartier de terre en ce meſme lieu & Terroir ſuſdit, tenant d'vne part aux hoirs dudit defunt Louys Plard, & d'autre part aux terres dudit Monthierant, aboutiſſant d'vn bout, & d'autre comme deſſus. Item, vn quartier & demy de terre, ſize au Terroir dudit Vaudoy, au lieu dit les Sablonnieres, tenant d'vne part aux hoirs dudit defunt Sebaſtien Plard, & d'autre part ſur les terres du Chaſteau dudit Grangemenant. Item, trois quartiers de terres, ſizes au Terroir dudit Vaudoy, au lieu dit Grangemenant, tenant d'vne part à l'Egliſe, Oeuvre & Fabrique de S. Medard, Patron dudit Bourg & Paroiſſe dudit Vaudoy, & d'autre part auſdites Affrontailles, aboutiſſant d'vn bout par haut aux hoirs dudit defunt Coſme Marion, & d'autre bout par bas ſur le chemin qui conduit dudit Bourg de Vaudoy en ladite Ville dudit Coulommiers en Brie. Item, vn quartier & demy de terre, ſize au Terroir dudit Vaudoy, au lieu dit Beuuron, tenant d'vne part aux hoirs de defunt Pierre le Roy, & d'autre part aux hoirs dudit defunt Mathieu Berthelin, aboutiſſant d'vn bout & d'autre ſur leſdites Affrontailles. Item, vn quartier de terre, ſize au Terroir dudit Vaudoy, au lieu dit aux Auxées du Moulin Deſprez, tenant d'vne part aux hoirs de defunt Iean Bouuyer, & d'autre part à ladite vefue dudit defunt Iacques Petit, aboutiſſant d'vn bout par haut au chemin qui conduit de Vaudoy audit Moulin Deſprez, & d'autre bout par bas à   Item, trois quartiers de terre, ſiz au Terroir dudit Vaudoy, au lieu dit la vigne des Taillis, tenant d'vne part aux hoirs dudit defunt Mathieu Berthelin, & d'autre part aux hoirs de defunt   Bouſſeron, aboutiſſant d'vn bout par haut ſur ladite vigne, & d'autre bout par bas ſur les paſtures. Item, deux arpens de terre, ſize au Terroir dudit Vaudoy, au lieu dit Edeſroy, tenant d'vne part aux hoirs dudit defunt Mathieu Berthelin, & d'autre part aux hoirs dudit defunt Sebaſtien Plard, aboutiſſant d'vn bout par haut aux prez dudit d'Eſroy, & d'autre bout par bas auſdites Affrontailles. Item, demy arpent de terre, ſize en ce meſme lieu & ſuſdit Terroir dudit Vaudoy, tenant d'vne part à ladite vefue dudit defunt Iacques Petit, & d'autre part aux hoirs dudit defunt Iacques Peleux, aboutiſſant d'vn bout par haut ſur la ruë qui conduit dudit Monthierant auſdits Taillis, & d'autre bout par bas aufdites Affrontailles. Item, trois quartiers de terre, fize audit Vaudoy, au lieu dit la haute Voye, tenant d'vne part aux terres de l'Eglife dudit S. Medard de Vaudoy, & d'autre part à   aboutiffant d'vn bout fur le chemin de ladite haute Voye, & d'autre bout par bas aufdites Affrontailles. Item, trois quartiers & demy de terre, fize au Terroir dudit Vaudoy, au lieu dit Chantemaille, tenant d'vne part aux Seigneurs dudit Champotrant, & d'autre part aux prez dudit Monthierant, abouriffant d'vn bout par haut fur les prez de la Brandelle, & d'autre bout par bas audit Seigneur de Champotrant. Item, quarante-cinq perches de terre, fize en ce mefme lieu & Terroir dudit Vaudoy, tenant d'vne part à la vefue Iacques Petit, & d'autre part à la ruë Berthelin, aboutiffant d'vn bout par haut audit Seigneur dudit Champotrant, & d'autre bout par bas fur les prez. Item, vn quartier & demy de terre, fize au Terroir dudit Vaudoy, au lieu dit les petits grets des Taillis, tenant d'vne part à Iean Simonnet, & d'autre part aux hoirs dudit defunt Iacques Landon, aboutiffant d'vn bout par haut qui conduit de ladite Behautiere aufdits Taillis, & d'autre bout par bas fur les terres defdites Mardelles. Item, vn quartier de terre, fiz au Terroir dudit Vaudoy, au lieu dit les baffes Mardelles, tenant d'vne part à Pierre Langlois, & d'autre part aux hoirs dudit defunt Cofme Marion, aboutiffant d'vn bout par haut aux hoirs dudit defunt Cofme Marion, & d'autre bout par bas fur lefdits prez defdites Mardelles. Item, trois quartiers de terre, fizes au Terroir dudit Vaudoy au mefme lieu defdites baffes Mardelles, tenant d'vne part aufdits hoirs dudit defunt Cofme Marion, & d'autre part audit Pierre Langlois, aboutiffant d'vn bout par haut aufdites Fermes dudit Maillart, & d'autre bout par bas fur les terres de la ville dudit Melun fur Seine. Item, vn quartier de terre, fize au terroir dudit Vaudoy, en ce mefme lieu, tenant d'vne part à ladite vefue dudit deffunt Iacques Petit, & d'autre part aux hoirs dudit deffunt Cofme Berthelin, aboutiffant d'vn bout par haut fur les terres dudit Melun, & d'autre bout par bas aufdits Affrontailles. Item, Vn quartier & demy de terres, fizes audit Vaudoy, au lieu dit les autres Mardelles, tenant d'vne part aux hoirs dudit deffunt Cofme Berthelin, & d'autre part fur lefdits hoirs dudit deffunt Cofme Marion, aboutiffant d'vn bout par haut á la ruë qui conduit defdits Taillis à ladite Beautierre, &   Item, d'autre bout par bas à   Sept quartiers de terre fis au terroir dudit Vaudoy, & mefme lieu que deffus, tenant d'vne part à ladite vefue Iacques Petit, & d'autre part aux hoirs dudit deffunt Mathieu Berthelin, aboutiffant d'vn bout par haut aufdites Affrontailles, & d'autre bout par bas auffi fur lefdites Affrontailles. Item, Cinq quartiers de terre fis au terroir dudit Vaudoy, en cedit mefme lieu, tenant d'vne part aufdits hoirs dudit deffunt Denys Baudreau, & d'autre part aufdits hoirs dudit deffunt Mathieu Berthelin, aboutiffant d'vn bout par haut fur la ruë qui conduit dudit Monthierant aufdits Taillis, & d'autre bout par bas fur lefdites Affrontailles. Item, Vn

Vn quartier de terre fis audit terroir & mefme lieu que deffus, tenant
d'vne part aux hoirs dudit deffunt Nicolas Ioffe, & d'autre part aux hoirs
dudit deffunt Mathieu Berthelin, aboutiffant d'vn bout par haut
& d'autre bout par bas comme deffus. Item, Trois quartiers de terre
fis au terroir dudit Vaudoy, au lieu dit le Pré Baillé, tenant d'vne part audit Pré, & d'autre part aux terres de ladite grande Ferme dudit Monthierrant, aboutiffant d'vn bout par haut fur lefdits hoirs dudit deffunct Cofme
Marion; & d'autre bout par bas fur la ruë qui conduit dudit Bourg & Parroiffe dudit Saint Medard dudit Vaudoy à ladite Beaultiere. Item, Vne
petite maifon couuerte de paille & rofeaux, contenant deux trauées, en
laquelle eft logé Pierre Herbaut-Berger defdites deux Fermes, grande &
petite, fizes audit lieu de Monthierrant, puits en la court, jardin & lieux
en dependans: Ainfi que le tout fe pourfuit & comporte & eftend de toutes
parts & de fonds en comble, auec leurs circonftances & dependances, fans
en rien retenir ny referuer, faifis & mis en criées à la requefte de ladite
Dame de Lyonne & defdites Religieufes Cordelieres & Conforts, fur
Meffire Philippes de la Boiffiere Cheualier, Sieur de Sainte-Marie,
Grangemenant, & Dame Marie Perrochel fon Efpoufe, à la fomme de
cinquante mille liures, à la charge des droicts & deuoirs Seigneuriaux &
feodaux, cens, fur-cens, rentes ordinaires & accouftumées, & dont lefdites terres & chofes faifies font chargées enuers lefdits Religieux Chartreux de Paris, fuiuant l'Arreft du quatriéme Iuillet dernier : Et en outre
à la charge des droicts deubs, Seigneuriaux & feodaux, fi aucuns font
deubs, frais & mifes defdites criées, dont ledit Geneft a requis acte, &
éleu fon domicile en fa maifon fize ruë Iean-Pain-Mollet, Parroiffe Saint
Mederic, dont il a requis acte. PVBLIE' en Iugement le treiziéme
Aouft : Et en la Chambre de l'Edict le dix-neufiéme dudit mois d'Aouft
mil fix cens foixante-cinq. Signé, DV TILLET.

LOVIS par la grace de Dieu Roy de France & de Nauarre : A tous
ceux qui ces prefentes Lettres verront : Au premier des Huiffiers
de noftre Cour de Parlement, ou autre noftre Huiffier ou Sergent
fur ce requis ; Salut. A la fupplication de Laurens Lamy Marchand demeurant à Monceau, eftant aux droits des Religieufes Cordelieres du
Faux-Bourg Saint Marcel, Maiftre Pierre Gargan Curé de Saint Medard,
ayant repris en leur lieu, Nous vous mandons que l'enchere cy-attachée
fous le contre-feel de noftre Chancelerie, Vous Iuge, faffiez lire & publer
en Iugement, l'Audiance tenant, auec ces prefentes, fans en faire autre
procez verbal que le certificat que le Greffier en baillera à la fin. Et à toy
noftre Sergent, tu publieras à haute voix & cry public, en la maniere accouftumée, iffuë de la grande Meffe au iour de Dimanche deuant les Eglifes des Paroiffes, des chofes encheries : aux deux Eglifes des Parroiffes pro-
ches, aux portes defquelles Auditoires & lieux faifis, Barres de noftredite

Cour, & portes de noftre Palais, afficheras copies, Faifant par lefdites publications & affiches fçauoir qu'au quarantiéme iour, ou autre continué ou dependant, fera procedé à l'adjudication en Iugement en noftredite Cour en la maniere accouftumée, fans remifes, ny autres folemnitez: où toutes encheres & oppofitions feront receuës : Ce que fignifieras au Proprietaire, ou à fon Procureur, à ce qu'il y faffe trouuer encherifleurs, fi bon luy femble : Outre toy Sergent feras publier vn fommaire de ladite Enchere & des prefentes aux Profnes des grandes Meffes defdites Eglifes par les Curez ou Vicaires, enfemble aux Iuftices defdits lieux faifis, dont & defdits Curez en retiendras certificats feparez : Dé ce faire vous donnons pouuoir. Commandons à tous nos Iufticiers, Officiers & Sujets, ce faifant obeïffent. DONNE' à Paris en noftredite Cour de Parlement en Vaccations le quatorziéme Octobre, l'an de grace mil fix cens foixante-cinq, & de noftre regne le vingt-troifiéme. Signé, Par la Chambre, DV TILLET. Et feellé.

9 782013 607964